Inhalt

Harmonisierungsprozess von IFRS / IAS und US-GAAP

Kernthesen

Beitrag

Fallbeispiele

Weiterführende Literatur

Impressum

Harmonisierungsprozess von IFRS / IAS und US-GAAP

A.Kaindl

Kernthesen

- Die Mehrzahl der im Deutschen Aktienindex vertretenen Unternehmen stellen ihren Konzernabschluss nach den IFRS (International Financial Reporting Standards, früher International Accounting Standards (IAS)) oder nach den US-GAAP (Generally Accepted Accounting Principles) auf. IFRS und US-GAAP sind unterschiedlich strukturiert.
- Effiziente Kapitalmärkte benötigen international vergleichbare Unternehmensinformationen und damit

einheitliche Rechnungslegungsstandards.
- Das Nebeneinander von konkurrierenden internationalen Bilanzierungsstandards bringt viele Nachteile. Deshalb ist derzeit eine Entwicklung in Richtung Konvergenz von IFRS und US-GAAP zu beobachten.

Beitrag

IFRS / IAS und US-GAAP als konkurrierende Rechnungslegungsvorschriften

Die Rechnungslegung befindet sich weltweit im Umbruch. Kennzeichnend dafür ist, neben der immer stärker werdenden Bedeutung des IASB (International Accounting Standards Board), die EU-Verordnung zur verpflichtenden Anwendung von IFRS in den Konzernabschlüssen kapitalmarktorientierter Unternehmen in Europa ab dem Jahr 2005. (1), (4)

Während die IFRS / IAS als internationale Rechnungslegungsstandards zu verstehen sind, handelt es sich bei den amerikanischen US-GAAP um rein nationale Vorschriften, obwohl deren internationale Verbreitung sehr flächendeckend ist. Die US-amerikanische Börsenaufsichtsbehörde SEC (Securities and Exchange Commission) erkennt bis heute nur Abschlüsse an, die nach den US-GAAP-Vorschriften erstellt wurden. Die US-GAAP bestehen mittlerweile aus einer kaum noch überschaubaren Vielzahl von Einzelregelungen, wohingegen die IFRS / IAS einen an Grundprinzipien orientierten Ansatz verfolgen. (2), (4), (10)

Ein Blick auf die Konzernabschlüsse von Unternehmen, die im Deutschen Aktienindex enthalten sind, zeigt, dass ein Nebeneinander unterschiedlicher Rechnungslegungsstandards existiert. Die Motivation für die Verwendung der IAS ist in erster Linie die Ansprache einer internationalen Anlegerschaft, während die US-GAAP von den Unternehmen gewählt werden, die mit einem Listing an einer US-amerikanischen Börse den Zugang zum Kapitalmarkt der USA erhalten wollen. (5)

Die für börsennotierte Unternehmen nach der EU-Verordnung bestehende Verpflichtung zur Aufstellung eines IFRS / IAS - Konzernabschlusses wird zu einer Verzehnfachung der Anwendungshäufigkeit der IFRS / IAS führen. Die nationale Rechnungslegung wird mehr und mehr durch die IFRS-Bilanzierung verdrängt werden. Die Anwendung der US-GAAP bleibt bis einschließlich

2006 (Umstellung auf IFRS spätestens ab 2007) für jene Unternehmen möglich, die bereits jetzt ihren Konzernabschluss nach US-GAAP aufstellen. (4)

Notwendigkeit globaler Rechnungslegungsstandards

Auf Standardsetzer-Ebene wird derzeit davon ausgegangen, dass IFRS / IAS und US-GAAP aufgrund der derzeitigen Harmonisierungsbestrebungen ab dem Jahr 2007 sich so weit einander angenähert haben werden, dass keine grundlegenden Unterschiede mehr bestehen. Die EU verfolgt mit ihrer Entscheidung für die IFRS die Vision eines Weltstandards. Effiziente Kapitalmärkte benötigen international vergleichbare Unternehmensinformationen und damit globale Bilanzierungsstandards. Mit einer harmonisierten Rechnungslegung könnten Unternehmen die Investorenbasis verbreitern, Kapital leichter aufnehmen und die Kapitalkosten senken. Die Existenz von konkurrierenden internationalen Rechnungslegungsstandards macht keinen Sinn. Das Ziel ist eindeutig und muss eine Vereinheitlichung sein. Die derzeitige Entwicklung geht daher klar in Richtung Harmonisierung von IFRS / IAS und US-GAAP. (1), (2), (4)

Am 29. Oktober 2002 veröffentlichten der US-amerikanischen Standardsetzer FASB (Financial Accounting Standards Board) und das IASB ein Memorandum of Understanding, nach dem IFRS und US-GAAP weiter konvergieren sollen. (1)

Die Neuausrichtung des IASB unter stärkerer Einbeziehung von US-Amerikanern hat die institutionellen Voraussetzungen für eine weitere Konvergenz der Systeme erheblich verbessert. (1)

Beidseitiger Annäherungsprozess

Bei der Harmonisierung von IFRS / IAS und US-GAAP geht es um einen Merger of Equals. Es geht nicht darum, dass ein Standard gewinnt und der andere verliert. Von allen Beteiligten, insbesondere Standardsetzern und Unternehmensvertretern, sind hierfür noch erhebliche Anstrengungen notwendig. Es besteht Übereinkunft darin, dass alle gängigen Rechnungslegungsstandards, dies gilt für IAS und US-GAAP, mehr oder weniger große Schwächen aufweisen. Die bei den IAS noch zulässigen Bilanzierungswahlrechte behindern eine hohe Qualität und damit die Akzeptanz dieser Standards. Bei den US-GAAP haben einige Fälle (Enron,

Worldcom) gezeigt, dass manche Einzelregelungen, wie auch der Detailgrad des Regelwerks, überprüft werden müssen. (1), (2), (6)

Die Anforderungen, die an ein globales Standardsetting gestellt werden, sind sehr hoch. Ein globaler Standard bedarf einer weltweit einheitlichen Interpretation und Überwachung durch entsprechende unabhängige Kontrollinstanzen. (1)

Improvement Project

Das IASB überarbeitet zurzeit die bestehenden IAS mit dem Ziel, die weltweite Harmonisierung der internationalen Rechnungslegungsvorschriften voranzutreiben. Das IASB hat im Mai 2002 im so genannten Improvement Project umfangreiche Änderungsvorschläge vorgestellt. Schwerpunktmäßig sollen dabei bestehende Wahlrechte, Konflikte und ähnliche Regelungen eliminiert und möglichst eine Angleichung an die US-GAAP erzielt werden. (1), (3)

Probleme beim Voranschreiten des Harmonisierungsprozesses

Das Anerkennungsverfahren (Endorsement) der IAS durch die EU eröffnet die Möglichkeit, dass einzelne IAS nicht anerkannt werden. Bei Ablehnung eines bestimmten Standards würde in Europa eine Variante von europäischen IAS gültig sein, die nicht mit denen in Drittstaaten übereinstimmt. Der Weltstandard rückte dann in weite Ferne. Deshalb sind alle Beteiligten aufgefordert, schon im Vorfeld zu einem tragfähigen Konsens zu kommen. Die Schaffung institutioneller Voraussetzungen für einen entsprechenden Vermittlungsprozess sollte oberste Priorität haben. Es zeigt sich sehr deutlich, dass für die Entwicklung eines einzigen Systems von qualitativ erstklassigen vereinheitlichten Rechnungslegungsstandards eine intensive und reibungslose Zusammenarbeit der entsprechenden nationalen und internationalen Institutionen unabdingbar ist. Ein effizientes Enforcement-System ist zudem ein wichtiger Baustein in der Verbesserung der Corporate Governance. (1)

In einem Konsultationspapier vom Oktober 2002 schlägt die EU lediglich die Schaffung von nationalen Enforcement-Institutionen in den einzelnen Mitgliedsstaaten vor, nicht jedoch eine übergeordnete europäische Einrichtung. Hierbei besteht die Gefahr, dass der Wirkungsgrad dieser nationalen Institutionen untereinander differiert. Dies kann und wird wohl dazu führen, dass gleiche

Sachverhalte national unterschiedlich interpretiert und sanktioniert werden. (1), (7)

Fallbeispiele

Im Rahmen des Harmonisierungsprozesses von IAS und US-GAAP wurden mit IAS 39 und seinem US-Pendant dem SFAS 133 auf dem Gebiet der Finanzinstrumente in beiden Rechnungslegungsstandards nahezu gleiche Regelungen geschaffen, die seit 2001 einheitlich anwendbar sind. Die Regelungen des IAS 39 und des SFAS 133 werden von den Finanz- und Regierungskreisen mehrerer EU-Staaten heftig kritisiert, da diese zu Verzerrungen in der Darstellung der Ertragslage von Unternehmen führen. Es wird gefordert beide Standards einer Revision zu unterziehen. Da das Anerkennungsverfahren der IAS durch die EU die Möglichkeit der Nichtanerkennung einzelner IFRS / IAS eröffnet, wird in Kommissionskreisen mit einer Ablehnung des Bilanzierungsstandards für Finanzinstrumente gedroht, falls der Standard vom IASB nicht überarbeitet wird. (1), (2), (8), (9)

Einige wichtige Änderungsvorschläge des Improvement Project betreffen IAS 1, 2, 17 und 21:
IAS 1 Darstellung des Abschlusses: Die Unterscheidung zwischen Ergebnis der gewöhnlichen Geschäftstätigkeit und außerordentliche Posten in der Gliederung der Gewinn- und Verlustrechnung soll abgeschafft werden. In diesem Zusammenhang ist auf ein weiteres Projekt in Zusammenarbeit mit dem FASB hinzuweisen, dass sich mit dem Thema Performance Reporting beschäftigt.
IAS 2 Vorräte: Die Lifo (Last in, first out)-Methode, bislang als alternatives Bewertungsverfahren neben Fifo (first in, first out) und Durchschnittsmethode zugelassen, soll abgeschafft werden. Begründet wird dies mit dem grundsätzlichen Anliegen des Improvement Project, der Reduzierung von Wahlrechten und der Verbesserung der Vergleichbarkeit von Jahresabschlüssen.
IAS 17 Leasingverhältnisse: Die wesentliche Änderung betrifft Immobilienleasingverhältnisse. Sofern ein Leasingverhältnis sowohl Grundstücke als auch Gebäude umfasst, ist das Verhältnis in zwei separat zu bilanzierende Leasingverhältnisse aufzuspalten.
IAS 21 Auswirkungen und Änderungen der Wechselkurse: Die bislang vorgenommene Differenzierung zwischen wirtschaftlich selbständigen ausländischen Teileinheiten und ausländischen Geschäftsbetrieben, die in den Geschäftsbetrieb des berichtenden Unternehmens integriert sind, entfällt.

Zukünftig soll nur noch zwischen funktionaler Währung und Berichtswährung unterschieden werden. (3), (4)

Die Regelungen, die die SEC mit dem Sarbanes Oxley Act (vgl. Report: Der Sarbanes-Oxley-Act) für US-börsennotierte Firmen vorgesehen hat, hätten umfassende Beschränkungen für europäische Unternehmen und Wirtschaftsprüfer, die in den USA tätig sind, bedeutet. Angeführt von der EU-Kommission forderten europäische Firmen umfassende Änderungen dieser US-Bilanzregeln, die nach den Finanzskandalen um Enron und Worldcom im Sommer 2002 verabschiedet wurden. Im Januar 2003 konnte die EU Lockerungen bewirken. Entgegenkommen signalisierte die SEC bei der Kontrolle der Wirtschaftsprüfer. Diese müssen nun noch aller sieben Jahre rotieren und nicht wie ursprünglich vorgesehen alle fünf Jahre. Kompromissbereitschaft zeigte die SEC auch beim Arbeitsbereich der Wirtschaftsprüfer. Entsprechend den EU-Regeln soll Prüfern ein Freiraum bei der Steuerberatung gewährt werden. Bei der Bilanzierung machte die SEC ebenfalls Zugeständnisse. Ausländische Firmen müssen zwar außerbilanzielle Posten offen legen, können diese aber nach den IAS bilanzieren. (11), (12)

Weiterführende Literatur

(1) Ein globaler Rechnungslegungsstandard ist zwingend!
aus Börsen-Zeitung, 31.01.2003, Nummer 21, Seite 8

(2) Angleichung von IAS und US-GAAP findet Zustimmung von BdB und VÖB Bankenverbände fordern beidseitige Annäherung und Nachbesserungen bei IAS 39
aus Börsen-Zeitung, 31.10.2002, Nummer 210, Seite 7

(3) Ausblick auf die künftige Entwicklung der IAS/IFRS
aus Consultant Steuern - Wirtschaft - Finanzen, Heft 1-2/2003, S. 30

(4) Leasing und international anerkannte Bilanzierungsvorschriften, Schwierigkeiten bei der Anwendung und Interpretation von Zurechnungs- und Konsolidierungsvorschriften beim Leasing*
aus Finanzierung-Leasing-Factoring, Heft 1/2003, S. 2-8

(5) Kley, Karl-Ludwig, IAS im Spannungsfeld zwischen wertorientierten Kennzahlen und Kapitalmarktkommunikation, Controlling, Heft 1/2003, S. 5-10
aus Finanzierung-Leasing-Factoring, Heft 1/2003, S. 2-8

(6) An Wall Street gibt es noch viel zu tun Der Widerstand gegen Reformen der Corporate Governance und der Bilanzierungsregeln nimmt zu
aus Börsen-Zeitung, 31.12.2002, Nummer 250, Seite 26

(7) "IAS nutzt auch dem Mittelstand" Experten kritisieren Interpretationsspielräume
aus Börsen-Zeitung, 14.12.2002, Nummer 242, Seite 13

(8) EU-Einführung der IAS-Regeln gerät ins Stocken Bilanzierungsstandards für Finanzinstrumente umstritten
aus FTD Financial Times Deutschland vom 02.01.2003, Seite 17

(9) IASB muss politischem Druck Tribut zollen Europäische Kommission will IAS im April verabschieden - Davor Anhörungen des IASB zur Bilanzierung von Finanzinstrumenten
aus Börsen-Zeitung, 10.01.2003, Nummer 6, Seite 17

(10) Mehr Transparenz und weniger Stille
aus Lebensmittel Zeitung 03 vom 17.01.2003 Seite 044

(11) EU feiert Erfolg im Bilanzkonflikt gegen die SEC Rotationsprinzip für Wirtschaftsprüfer wird gelockert und die Bilanzierung nach IAS an US-Börsen akzeptiert
aus WirtschaftsBlatt, 25.01.2003, Nr. 1794, S. A10

(12) SEC nähert sich im Bilanzstreit der EU an US-Aufsicht lässt strittigen Punkt der Aktieneinsicht

offen " Beratungen für Februar anberaumt
aus FTD Financial Times Deutschland vom 24.01.2003,
Seite 19

Impressum

Harmonisierungsprozess von IFRS / IAS und US-GAAP

Bibliografische Information der deutschen Nationalbibliothek

Die Deutsche Nationalbibliothek verzeichnet diese Publikation in der deutschen Nationalbibliografie; detaillierte bibliografische Daten sind im Internet über http://dnb.d-nb.de abrufbar.

ISBN: 978-3-7379-1168-9

© 2015 GBI-Genios Deutsche Wirtschaftsdatenbank GmbH, Freischützstraße 96, 81927 München, www.genios.de

Alle Rechte vorbehalten. Dieses Werk ist einschließlich aller seiner Teile – z.B. Texte, Tabellen und Grafiken - urheberrechtlich geschützt. Jede Verwertung außerhalb der Grenzen des Urheberrechtsgesetzes bedarf der vorherigen Zustimmung des Verlags. Dies gilt insbesondere auch für auszugsweise Nachdrucke, fotomechanische Vervielfältigungen (Fotokopie/Mikroskopie), Übersetzungen, Auswertungen durch Datenbanken oder ähnliche Einrichtungen und die Einspeicherung und Verarbeitung in elektronischen Systemen.